Stadt – Land – Abenteuer

Lektüren für Jugendliche
A2

Demo in der Kohlegrube

Auf Tour bei Leipzig

von Arwen Schnack

Alles Digitale zu diesem Buch kann auf der Lernplattform **allango** von Ernst Klett Sprachen abgerufen werden. So geht's:

QR-Code scannen oder **www.allango.net** aufrufen | Buchtitel oder ISBN in der Suche eingeben und auf das Buchcover klicken | Zum Inhalt navigieren, direkt abrufen oder speichern

Zu diesem Buch auf allango verfügbar: **Hörbuch, Entdeckertouren.**

Ernst Klett Sprachen
Stuttgart

1. Auflage 1 7 6 5 4 3 | 2027 26 25 24 23

www.klett-sprachen.de

Autorin: Arwen Schnack

Redaktion: Benjamin Linhart, Claudia Weichselfelder, Arkadiusz Wrobel
Reihenkonzept: Benjamin Linhart
Layoutkonzeption: Sabine Kaufmann
Illustrationen: Matthias Pflügner, Berlin
Tonregie und Schnitt: Gunther Pagel, Top 10 Tonstudio, Viernheim
Sprecherin: Anja Kleinhans
Gestaltung und Satz: DOPPELPUNKT, Stuttgart
Umschlaggestaltung: Sabine Kaufmann
Druck und Bindung: Plump Druck & Medien GmbH, Rheinbreitbach

Printed in Germany
ISBN 978-3-12-674051-7

Inhalt

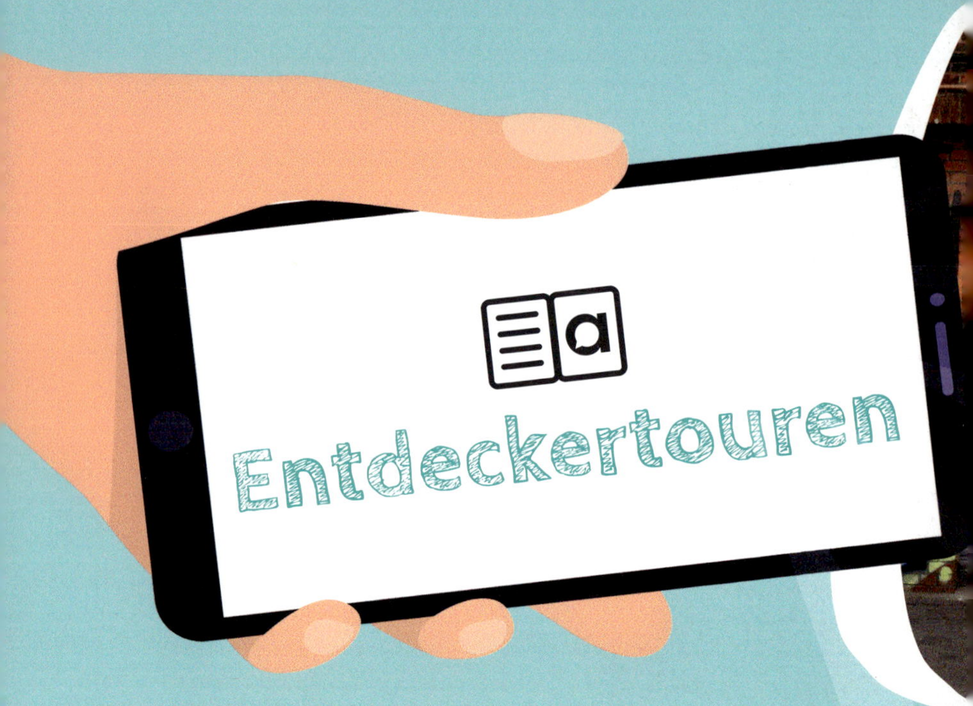

- Mache nach jedem Kapitel eine digitale Entdeckertour.
- Starte die Entdeckertour auf allango (siehe Seite 1).
- Lerne an jeder Station die Region besser kennen.
- Kommst du ans Ziel?

ANLIEFERUNG
KONSUM
LEIPZIG
WACHE

Leipzig
DEUTSCHLAND
ÖSTERREICH
SCHWEIZ

Leipzig

Land:	Deutschland
Bundesland:	Sachsen
Einwohner und Einwohnerinnen:	fast 600 000

Leipzig ...

- ist die Stadt in Deutschland, die am schnellsten wächst. Manche Leute nennen Leipzig deswegen „Hype-zig".
- hat ein sehr charakteristisches Stadtbild: breite Straßen, durch die Straßenbahnen fahren, und große Häuserblocks aus dem späten 19. und frühen 20. Jahrhundert.
- ist berühmt für seine Kreativszene: Es gibt viele Künstlerinnen und Künstler und kleine Start-ups mit kreativen Ideen.
- bietet viele vegane Optionen.
- ist berühmt für seine Musik: Zum Beispiel hat Johann Sebastian Bach hier gelebt.
- hat einen Bundesliga-Fußballclub: RB Leipzig
- hat in der Umgebung viele Seen, die früher Kohlegruben waren.

Katharina ist 16 Jahre alt. Sie interessiert sich für Politik und Natur und ist sehr gut in der Schule. Manchmal ist sie ein bisschen verplant[1]. Und sie hat vor vielen Sachen Angst. Sie wohnt mit ihren Eltern und ihrer kleinen Schwester Sophie (12 Jahre) zusammen.

Nurcan ist 17 Jahre alt. Sie hat vor niemandem Angst und sagt immer ihre Meinung. Manchma hat sie schlechte Laune, aber ihre Freunde können sich zu 100 % auf sie verlassen.
Sie wohnt bei ihrer Mutter. Das ist mal einfacher und mal schwieriger. Seit einiger Zeit ist sie bei Fridays for Future.

[1] **verplant**: ohne einen festen Plan; durcheinander

Die Personen

Reza ist schon fast 18. Er ist ruhig, freundlich und hilfsbereit. Seine Familie ist aus dem Iran nach Deutschland gekommen, als er zehn Jahre alt war. Er hat drei kleine Schwestern. In seiner Freizeit liest er gern und er interessiert sich für Politik.

Die drei Freunde …

- gehen in unterschiedliche Klassen einer Gesamtschule in Leipzig-Lindenau.
- kennen sich schon seit vielen Jahren.
- treffen sich oft am Kanal[2] oder in alten Häusern, in denen niemand mehr wohnt.

[2] **der Kanal**: wie ein Fluss, aber von Menschen gemacht

Kapitel 1

r Schlafsack
die Zahnbürste
die Isomatte
die Kohle
die Zahnpasta
rinsen
as Kopfkissen
das Tuch

Kommt ihr mit?

Nurcan
Hey Leute! Am Wochenende ist Demo[3]. Kommt ihr mit?

Katharina
Klar, gern! Gegen was sind wir denn genau?

Nurcan
Gegen den Kohleabbau[4]. Sie wollen noch ein Dorf kaputt machen.

Katharina
Ich bin dabei!

Reza
Wer will ein Dorf kaputt machen???

[3] **die Demo**: die Demonstration, der Protest
[4] **der Kohleabbau**: die Arbeit, bei der man Kohle aus der Erde holt

Katharina

Hier in der Gegend gibt es Kohle. Die bauen sie mit riesigen Baggern ab[5].

Katharina

Wenn ein Dorf im Weg ist, kommt das auch weg. Dann müssen die Leute umziehen. Und die neuen Dörfer sind so hässlich!
Aber das Schlimmste ist eigentlich die Kohle. 😡👎 Strom[6] aus Kohle … Das ist total schlecht für die Umwelt[7]. Wir leben im 21. Jahrhundert! Da kann man Strom doch aus Sonne und Wind gewinnen.
#StopptDieKohle

Nurcan

👏 Ja, genau! Kohle ist ein Klimakiller!

[5] **abbauen**: hier: aus der Erde holen
[6] **der Strom**: die Elektrizität
[7] **die Umwelt**: die Natur

Reza
Ich bin auch dabei!

Nurcan
Treffen wir uns nach der Schule bei der alten Fabrik[8]?

Reza
Okay. 👍👍👍

Katharina
Ja, gern. Bis dann. 👍

[8] **die Fabrik**: ein Ort, an dem Arbeiter / Arbeiterinnen Produkte herstellen

Die drei Freunde sitzen hinter der alten Fabrik am Kanal auf alten Autoreifen[9].
„Nurcan, erzähl mal. Wer organisiert die Demo überhaupt? Und wie soll das laufen?“, fragt Reza.
„Ich habe es bei Fridays for Future gelesen. Aber es sind verschiedene Gruppen, die das organisieren. Es ist eigentlich auch keine normale Demo. Sie wollen eine Kohlegrube[10] blockieren.“
Katharinas Augen werden groß. „Blockieren? Ist das erlaubt?!“
„Nein, natürlich nicht! Aber darum geht es doch. Man macht etwas Verbotenes, um gegen ein Unrecht[11] zu protestieren. Das ist viel besser als eine normale Demo. Eine blockierte Kohlegrube! Das gibt super Bilder! Die kommen dann in allen Medien und die Leute teilen sie über Social Media. Dann sehen endlich alle, was passiert, wenn der Bagger kommt.“
Katharina ist nicht überzeugt[12]: „Und was ist, wenn die Polizei kommt?“
Nurcan lacht. „Die Polizei WIRD kommen. Das ist absolut sicher.“
„Und Reza? Wenn der Probleme mit der Polizei kriegt?“
Die beiden Mädchen sehen Reza an. Der ist ganz ruhig. „Ihr meint, weil ich noch keine deutsche Nationalität habe? Ob ich Angst um meine Aufenthaltserlaubnis[13] habe? Na ja, ich muss ja nicht extra gefährliche Sachen machen.

9 **der Autoreifen**: der schwarze Mantel um das Rad eines Autos
10 **die Kohlegrube**: der Ort, an dem man Kohle aus der Erde holt
11 **das Unrecht**: etwas Falsches, das illegal oder unfair ist
12 **überzeugt sein**: etwas glauben oder eine klare Meinung haben
13 **die Aufenthaltserlaubnis**: hier: das Recht, in Deutschland zu leben

Aber ehrlich gesagt: Meine Familie ist doch damals nicht hergekommen, damit wir hier jetzt den Mund halten[14]. Ich bin auf jeden Fall dabei."

Katharina ist noch immer nicht sicher, aber Nurcan: „Sehr gut, Reza. Dann lasst uns mal überlegen, was wir unseren Eltern erzählen."

Für Katharina ist das ganz klar: „Ich erzähle meinen Eltern, was wir machen! Die sind bestimmt auf unserer Seite!"

„Was?", fragt Nurcan. „Eben hattest du noch Angst vor der Polizei und jetzt willst du deinen Eltern alles erzählen? Was meinst du, was die dazu sagen? Ich wäre sehr dafür, dass wir ALLE unseren Eltern sagen, dass wir auf das Festival in Bitterfeld fahren. Das ist auch am Wochenende. Dann gibt es keine Fragen, wenn wir unsere Schlafsäcke mitnehmen."

Reza nickt: „Ja, das finde ich auch besser."

Katharina sagt dann: „Okay, okay, dann sage ich auch, dass wir aufs Festival fahren. Aber wofür brauchen wir denn die Schlafsäcke?"

„Die Aktion soll das ganze Wochenende über gehen. Freitag fahren wir hin, Sonntagnachmittag zurück. Genau wie bei einem Festival." Nurcan grinst zufrieden. „Es wird richtig groß."

Am Donnerstagabend packen die drei Freunde ihre Sachen.
Diese Sachen packt Nurcan für das Wochenende ein:

- Schlafsack
- Isomatte
- Trinkflasche
- drei Käsebrote
- Unterwäsche[15]
- Zahnbürste und Zahnpasta

[14] **den Mund halten**: nicht sprechen

[15] **die Unterwäsche**: die Kleidung, die man unter Hose, T-Shirt und Pullover trägt

Diese Sachen packt Katharina in ihren Rucksack:

- Zahnbürste und Zahnpasta
- Schlafsack, Isomatte, Kopfkissen
- Klamotten[16] für zwei Tage
- Trinkflasche
- halbe Bäbe[17] von Mama
- Messer, Gabel und Löffel
- sechs Packungen[18] Schokoladenkekse
- Sonnenbrille und Sonnencreme
- Toilettenpapier
- Pflaster[19] und kleine Schere
- ein zweites Paar Schuhe
- Regenjacke
- großes Tuch gegen die Sonne oder die Kälte

Reza ist schon fertig mit Packen. Er liegt im Bett und liest noch einmal den Aufruf[20], den Nurcan geschickt hat:

[16] **die Klamotte**: umgangssprachlich für: das Kleidungsstück
[17] **die Bäbe**: ein typischer Kuchen aus Leipzig
[18] **die Packung**: eine Menge von etwas, die man kauft; hier: In diesem Karton sind die Kekse.
[19] **das Pflaster**: etwas, was man auf eine Verletzung tut, damit sie geschützt ist
[20] **der Aufruf**: hier: ein kurzer Text, in dem steht, wann, wo und warum es eine Demonstration gibt

Weitergeleitet

Nurcan

Kohle stoppen! Alle Dörfer bleiben! Für eine bessere Klimapolitik! Für unsere Zukunft[21]!
Es ist heiß. Es ist trocken. Die Bäume sterben.
Die Klimakrise ist jetzt!
Sollen unsere Heizungen trotzdem weiter mit Kohle laufen? Wollen wir wirklich noch mehr CO_2 produzieren?
Wir sagen: Nein! Stoppt die Kohle!
Die Politiker und Politikerinnen reden viel, aber sie tun nichts. Wir wollen nicht länger auf die Politik warten. Es muss sich JETZT etwas ändern.
Deshalb werden wir aktiv: Dieses Wochenende blockieren wir die Kohlegrube. Dann stehen die Maschinen still[22].
Treffpunkt aus Leipzig: Bahnhof Neukieritzsch, 15:00 Uhr.
Komm mit uns und sei dabei. Zusammen können wir etwas ändern.

Reza legt das Handy neben sein Bett. „Morgen geht es los", denkt er. Dann schläft er ein.

[21] **die Zukunft**: die Zeit, die noch kommen wird
[22] **stillstehen**: sich nicht bewegen

Du bist dran!

Löse das Rätsel und finde das Lösungswort.

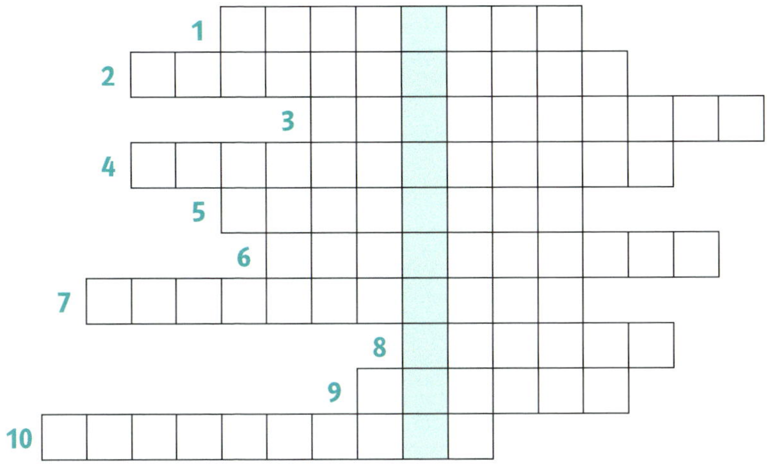

1. Das packt Katharina ein, falls sich jemand verletzt.
2. Das hat Katharina dabei, falls die Sonne stark scheint.
3. Das nehmen alle mit, um sich die Zähne zu putzen.
4. Daraus trinken die Freunde, wenn sie Durst haben.
5. Darauf liegen die Freunde in der Nacht.
6. Das hat Katharina dabei, damit es nachts gemütlich ist.
7. Das sind die einzigen Klamotten, die Nurcan mitnimmt.
8. Das liest Reza am Abend noch einmal.
9. Das nimmt Katharina mit, falls sie etwas schneiden muss.
10. Das zieht Katharina an, wenn es regnet.

Lösungswort: Vergiss nicht deinen _________________!

Lösungen: 1. Pflaster; 2. Sonnencreme; 3. Zahnbürste; 4. Trinkflasche; 5. Isomatte; 6. Kopfkissen; 7. Unterwäsche; 8. Aufruf; 9. Schere; 10. Regenjacke; Lösungswort: Schlafsack

Entdeckertour:

Süßes aus Sachsen

Kapitel 2

er Pfeil
springen
as Feld
die Stirn
die Kreide
rennen
die Hitze
las Gras

Es geht los.

„Viel Spaß, mein Schatz[23]. Pass gut auf dich auf."

Katharinas Mutter küsst[24] ihre Tochter auf die Stirn und nimmt sie in den Arm. Ein bisschen schlecht fühlt sich Katharina schon, dass sie ihren Eltern nicht die Wahrheit[25] gesagt hat.

„Tschüss, Mama, bis Sonntag."

„Und wenn irgendwas ist, ruf an, okay? Egal zu welcher Uhrzeit."

„Mama, es ist doch nur ein Musikfestival."

Vielleicht hat Nurcan recht[26]. Wenn ihre Eltern schon wegen eines Festivals so ein Theater machen[27], was würden sie dann zur Blockade sagen?

„Ich mein ja nur. Viel Spaß."

Katharina nimmt den Weg unten am Kanal. Die Uhr an der Michaelis-Kirche geht mal wieder falsch. Es ist zwei, aber die Uhr schlägt mindestens achtmal. Katharina nimmt die kleine Treppe, die wieder zur Straße hochgeht. Auf der Brücke sitzen schon am Nachmittag viele Leute in der Sonne, einige mit Kindern, andere spielen Gitarre. Das Wochenende fängt an. Durch den Clara-Zetkin-Park geht es weiter in die Innenstadt, am Markt und an der Nikolaikirche vorbei zum Bahnhof.

[23] **der Schatz**: hier: Liebling; So nennt man jemanden, den man liebt.
[24] **küssen**: jemanden liebevoll mit den Lippen berühren
[25] **die Wahrheit**: das, was wirklich ist
[26] **recht haben**: das Richtige denken oder sagen
[27] **ein Theater machen**: hier: etwas kompliziert machen

Zum Glück hat Leipzig einen Kopfbahnhof[28]. Katharina sieht sofort, von welchem Gleis ihr Zug fährt. Es ist das Gleis mit den vielen Menschen. Alle haben Rucksäcke dabei. Wie soll sie hier nur Nurcan und Reza finden? Sie geht langsam durch die Menge.

„Hier!", hört sie auf einmal Rezas Stimme. „Katha, hier!"

Da stehen die beiden und winken.

„Hey, da seid ihr ja! Ich dachte schon, hier finde ich euch nie!"

Sie ist froh, dass die beiden da sind.

Der Zug kommt.

„Was hast du denn alles dabei?", fragt Nurcan und zeigt auf Katharinas großen Rucksack. „Wir sind zwei Tage unterwegs, nicht zwei Wochen."

[28] **der Kopfbahnhof**: Das ist ein Bahnhof, durch den die Züge nicht hindurchfahren können. Die Zugfahrt beginnt oder endet dort.

„Ich bin eben gut vorbereitet. Wirst schon sehen", sagt Katharina und holt den Kuchen aus ihrem Rucksack. „Bäbe?", fragt sie. Nurcan lacht: „Ja, lass sie uns[29] gleich essen, dann musst du sie nicht mehr tragen."

Sie fahren etwa vierzig Minuten. Auf einmal ruft jemand durch den Zug: „Die nächste Station ist unser Bahnhof! An der nächsten Station steigen wir aus!" Die Leute stehen auf, setzen ihre Rucksäcke auf, sprechen miteinander. „Psssst, hört mal! Ruhe bitte!", ruft die Stimme noch einmal. „Achtung, eine Durchsage: Der Bahnhof Neukieritzsch wird heute nicht angefahren. Ich wiederhole: Wir halten heute nicht am Bahnhof Neukieritzsch. Wer nach Neukieritzsch fahren will, muss bitte weiter bis Lobstädt." Der Zug fährt langsam durch den Bahnhof Neukieritzsch ohne anzuhalten. Am Bahnhof stehen einige Polizisten in dunklen Uniformen. Die Leute im Zug ärgern sich. Jetzt ist ihr Weg viel länger.

Am Bahnhof Lobstädt stehen auch Polizisten. Es sind etwa hundert. Sie tragen dunkle Uniformen und Helme[30]. Eigentlich kommt man aus dem Bahnhof heraus, wenn man die Treppe runtergeht, die Unterführung[31] nimmt und dann auf der anderen Seite die Treppe wieder hochgeht. Aber auf einmal ruft jemand laut: „Los, über die Gleise!"

[29] **„Lass uns …"**: eine Einleitung für einen Vorschlag
[30] **der Helm**: ein Schutz für den Kopf
[31] **die Unterführung**: ein Stück Weg, das unter der Erde ist

Die ganze Menge springt auf die Gleise und rennt schnell auf die andere Seite. Die Polizisten schütteln[32] die Köpfe. „Warum haben wir das gemacht?", fragt Katharina, als alle auf der anderen Seite angekommen sind. Sie hat ein bisschen Herzklopfen[33]. „Gut, dass kein Zug gekommen ist!" „Weil uns die Polizisten in der Unterführung alle einzeln kontrollieren wollten", sagt Reza und zeigt auf die Treppe. „Sieh mal, da kommen sie hoch." Etwa zehn Polizisten kommen von unten herauf.

„So, und wo müssen wir jetzt lang?", fragt Nurcan mehr sich selbst als die anderen. Die Antwort gibt sie sich auch selbst: „Am besten den anderen hinterher. Die sehen aus, als wissen sie, wo es langgeht. Verdammt, jetzt müssen wir wegen dieser blöden Aktion bestimmt fünf oder sechs Kilometer weiter gehen. Und das bei der Hitze! Es sind bestimmt 30 Grad! Oh, seht mal: Da sind ja Pfeile auf der Straße. Jemand hat den Weg für uns markiert."

Wahrscheinlich war der Bahnhof schon den ganzen Tag gesperrt[34]. Die Aktivisten und Aktivistinnen haben am Morgen für alle, die im Laufe des Tages über Neukieritzsch anreisen wollten, aber erst in Lobstädt aussteigen durften, mit Kreide Pfeile auf die Straße gemalt.

[32] **schütteln**: schnell hin- und herbewegen
[33] **das Herzklopfen**: wenn das Herz stark und schnell schlägt
[34] **sperren**: blockieren, schließen

Es ist Juli. Das Land ist flach. Die Sonne scheint direkt von oben auf die Köpfe. Etwa hundert Leute sind auf der Straße unterwegs. Sie sind fröhlich, teilen ihr Essen und Trinken, sie rufen Parolen[35] und singen Lieder wie „Bagger ciao, Bagger ciao, Bagger ciao, ciao, ciao![36]" Es sind viele junge Leute, aber auch 60- oder 70-Jährige und einige Familien mit Kindern.

„Wissen Sie, wo wir genau hingehen?", fragt Nurcan eine ältere Frau neben ihr.

„Zum Camp. Da treffen wir uns heute Abend alle. Da bilden wir dann Gruppen und reden über die Aktionen für morgen. Morgen geht es dann zur Kohlegrube."

„Wo ist denn das Camp?"

„In einem Dorf hier in der Nähe. Da gibt es mehrere Leute, die wie wir gegen den Kohleabbau sind. Wir können auf ihren Feldern oder in ihren Gärten campen."

Reza fragt: „Sind denn nicht alle Leute hier auf unserer Seite? Es geht doch um ihr Zuhause, oder?"

„Das stimmt", sagt die Frau. „Aber es gibt auch Leute, die in der Kohlegrube arbeiten. Die haben Angst, ihre Arbeit zu verlieren. Und wenn sie umziehen, bekommen sie ja auch ein neues Haus, nicht so weit weg von hier. Diese neuen Häuser sind zwar furchtbar hässlich, aber einige Leute sind trotzdem einverstanden und wollen auch umziehen. Es gibt hier viele Leute, die gegen unsere Proteste sind."

[35] **die Parole**: ein kurzer Satz, den man auf einer Demo laut zusammen ruft

[36] Das Lied ist so ähnlich wie das italienische Lied „Bella ciao" und hat dieselbe Melodie.

Fast zehn Kilometer gehen sie über die heiße Straße. Am frühen Abend kommen sie im Camp an. Dort gibt es frisches, kaltes Wasser und etwas zu essen für alle. Einige spielen Gitarre und singen, andere spielen Spiele oder sitzen einfach im Gras und unterhalten sich. „Nurcan hat recht“, denkt Katharina. „Es ist wirklich ein bisschen wie ein Festival.“

Du bist dran!

A Was passt zusammen? Verbinde.

1. Nurcan und Reza	a) spricht mit den Freunden.
2. Die Aktivsten	b) stehen an den Bahnhöfen.
3. Die Polizisten	c) warten am Bahnhof in Leipzig.
4. Eine ältere Frau	d) fahren mit dem Zug.

B Welche Antwort stimmt? Kreuze an.

1. Warum hält der Zug nicht am Bahnhof Neukieritzsch?

☐ a) Weil die Polizei den Bahnhof gesperrt hat.
☐ b) Weil der Zug kaputt ist.
☐ c) Weil es einen Unfall gab.

2. Warum laufen die Aktivistinnen und Aktivisten über die Gleise?

☐ a) Weil der Weg kürzer ist.
☐ b) Weil sie schnell den nächsten Zug bekommen wollen.
☐ c) Weil die Polizei sie dann nicht kontrollieren kann.

3. Was denken die Leute im Dorf über den Kohleabbau?

☐ a) Alle sind dagegen, weil sie Angst haben, ihr Haus zu verlieren.
☐ b) Alle sind dafür, weil sie Angst haben, ihre Arbeit zu verlieren.
☐ c) Einige sind dafür, andere sind dagegen.

Lösungen: **A:** 1. c; 2. d; 3. b; 4. a; **B:** 1. a; 2. c; 3. c

Entdeckertour:

Sehenswürdigkeiten

Kapitel 3

der Stern

rutsche

der Hut

der Espressokocher

das Megafon

der Campingkocher

klettern

die Schulte

3

Auf dem Weg zur Grube

3

Als Nurcan und Katharina am nächsten Morgen aufwachen, sitzt Reza schon neben ihnen. Er hat einen kleinen Campingkocher vor sich. Darauf kocht er in einem großen Espressokocher Kaffee. Neben ihm stehen drei Tassen. Sogar eine Dose Zucker hat er dabei.
„Reza, wie toll, du kochst Kaffee", sagt Nurcan.
Ihre Nase ist ein bisschen zu, als wäre sie erkältet. Sie braucht etwas Zeit, bis sie ihren Rücken bewegen und sich hinsetzen kann.
„Irgendwie gemütlich[37] und irgendwie auch total ungemütlich", sagt sie. „Habt ihr schon mal draußen geschlafen? So ganz ohne Zelt wie heute Nacht?"
„Ich nicht", sagt Katharina, die noch tief in ihrem Schlafsack liegt.

[37] **gemütlich**: so, dass man sich wohlfühlt

„Ich schon", sagt Reza. „Deshalb wusste ich auch, wie dringend man am nächsten Tag Kaffee braucht."
Er nimmt den Espressokocher und gießt den heißen Kaffee in die drei Tassen. Katharina holt eine Packung Kekse aus ihrem Rucksack und die Freunde frühstücken.

Nach dem Frühstück putzen sie sich die Zähne und versuchen, sich ein bisschen frisch zu machen[38].
„Meint ihr, heute wird es wieder so heiß?", fragt Katharina.
„Bestimmt!", sagt Nurcan.
„Heute Nacht hat man die Sterne total klar gesehen. Es war keine Wolke am Himmel. Es wird bestimmt heiß. Oh, Katha, du hast einen Sonnenbrand[39] auf den Schultern", meint Reza.
„Ja, ich weiß, es tut auch ein bisschen weh", sagt Katharina.
„Heute müssen wir uns auf jeden Fall mit Sonnencreme eincremen."

An diesem Tag gibt es verschiedene Gruppen: Die blaue Gruppe will in eine Kohlegrube laufen und sie blockieren. Die grüne Gruppe klettert auf den Bagger. Die rote Gruppe will die Gleise blockieren, die von der Kohlegrube zum Kraftwerk[40] führen.

[38] **sich frisch machen**: sich ein bisschen waschen und z.B. die Zähne putzen
[39] **der Sonnenbrand**: eine rote Stelle auf der Haut, die man bekommt, wenn die Sonne zu stark war
[40] **das Kraftwerk**: eine Firma oder ein Gebäude, wo Energie produziert wird

„Lasst uns bei der blauen Gruppe mitmachen“, sagt Nurcan. „Ja, total gern“, sagt Katharina, die Höhenangst[41] hat und nicht auf einen Bagger klettern möchte. Sie hat aber auch Angst vor Zügen und Polizisten und möchte keine Gleise blockieren.
Katharina sieht, wie sich die Polizisten neben dem Camp aufstellen, wieder in dunklen Uniformen und mit Helmen. Noch können sie nichts machen, weil die Demo angemeldet ist. Aber am Nachmittag wird es bestimmt noch Ärger[42] geben, denkt sie.

„Gruppe Blau! Alle, die bei der Gruppe Blau mitmachen, bitte hier sammeln“, ruft jemand auf der Wiese.
Die Freunde packen ihre Sachen zusammen und gehen zur blauen Gruppe. Es geht los!
Es ist noch besser als am Tag zuvor, weil sich jetzt schon viele kennen. Immer wieder singen sie Lieder und rufen Parolen. Wenn sie durch ein Dorf kommen, hält manchmal jemand eine kurze Rede. Dann kommen oft ein paar Leute aus dem Dorf mit. Allein mit der blauen Gruppe laufen am Vormittag schon etwa 600 Leute. Sie kommen der Kohlegrube immer näher.

An den Straßenrändern sind immer mehr Polizisten: Sie gehen neben der Demonstration mit. Sie sitzen in Autos, die am Straßenrand parken. Sie stehen auf einmal neben einem Feld und filmen[43] die Demo.

[41] **die Höhenangst**: die Angst, die manche Menschen haben, wenn sie hoch oben sind
[42] **der Ärger**: hier: Probleme
[43] **etwas filmen**: einen Film von etwas machen

„Was, die filmen uns?“ Katharina ist entsetzt[44]. „Die filmen uns einfach so, ohne dass wir etwas Verbotenes gemacht haben?“

„Ja, das dürfen die seit einigen Jahren“, sagt Nurcan. „Mit den richtigen Computerprogrammen können sie dann die Gesichter gut sehen. Dann wissen sie ganz genau, wer auf welcher Demo mitgelaufen ist.“

„Wie demokratisch[45]!“, meint Reza ironisch[46] und holt aus seinem Rucksack einen großen Hut hervor. „Gegen die Sonne“, sagt er und grinst.

„Ich habe auch was gegen die Sonne“, sagt Katharina und setzt ihre große Sonnenbrille auf. Sie gibt Nurcan ihr Tuch, das sie um ihren Kopf legt.

„Aber Achtung!“, sagt Nurcan. „Ihr dürft eure Gesichter nicht zu sehr verstecken[47]. Das ist verboten. Vermummungsverbot.[48]“

Reza lacht und schüttelt den Kopf. Katharina findet das Ganze nicht so lustig.

Von vorn hören sie eine Stimme durch ein Megafon rufen: „Die Kohlegrube ist jetzt nur noch wenige hundert Meter weg. Unser Ziel: hineinlaufen und die Kohlegrube blockieren. Aber hier ist überall Polizei! Sie wird versuchen, uns zu stoppen. Deshalb: Passt aufeinander auf! Und wenn

[44] **entsetzt sein**: schockiert sein; nicht glauben können, dass etwas Schlimmes passiert ist

[45] **demokratisch**: so, dass alle Menschen mitbestimmen dürfen; Adjektiv von „Demokratie“

[46] **ironisch**: so, dass man es nicht ernst meint

[47] **verstecken**: etwas tun, damit andere etwas nicht sehen können

[48] **das Vermummungsverbot**: das Verbot, bei einer Demonstration das Gesicht zu verstecken

ihr euch verletzt oder Pfefferspray[49] ins Gesicht bekommt, dann helfen euch Sanitäter[50]. Sie sind am Ende unserer Demo. Und jetzt: Lasst uns die Kohlegrube stürmen[51]!“

Die Menge fängt an zu laufen. 800 Menschen laufen über die Straße und durch die Felder auf die Kohlegrube zu. Die Polizisten stoppen einzelne Personen. Sie stellen sich in Reihen auf und holen Menschen aus der laufenden Menge. Nurcan, Reza und Katharina laufen auch. Auf einmal steht vor Katharina ein Polizist mit Helm. Sie will stehen bleiben, aber Reza ruft: „Katha, hier lang!“ Er nimmt sie am Arm und rennt mit ihr in die andere Richtung, weg von dem Polizisten.

[49] **das Pfefferspray**: ein Spray, das sehr stark in den Augen brennt
[50] **der Sanitäter / die Sanitäterin**: Beruf, bei dem man Kranken und Verletzten hilft
[51] **etwas stürmen**: hier: an einen Ort rennen und dort bleiben

Von weiter vorn hören sie eine Durchsage: „Hier spricht die Polizei. Achtung, Sie dürfen hier nicht sein! Gehen Sie zurück! Wenn Sie weitergehen, machen Sie sich strafbar[52]. Ich wiederhole: Gehen Sie zurück!"

Aber die Menge rennt und die Polizisten können die rund 800 Leute nicht stoppen. Die ersten durchbrechen[53] die Polizeikette. Die anderen rennen hinterher. Dann stehen sie an der Abbruchkante[54]. Es geht hundert Meter nach unten. Nurcan, Reza und Katharina sehen sich kurz an. Dann nickt[55] Nurcan und sie rutschen und laufen die Kante hinunter. Hinter ihnen kommen noch viel mehr Leute. Jetzt können sie nicht mehr stoppen und auch nicht mehr zurück.

Unten angekommen, rennen sie noch ein Stück weiter. Dann halten sie an, außer Atem[56] und mit Herzklopfen. Niemand hat sich verletzt. Sie sehen, wie die Menschenmenge hinter ihnen weiter in die Kohlegrube fließt. „Wir haben es geschafft!", ruft Nurcan.

[52] **strafbar**: so, dass man eine Strafe bekommen kann

[53] **durchbrechen**: durch etwas hindurchrennen und es dabei kaputt machen

[54] **die Abbruchkante**: der äußere Rand einer Kohlegrube

[55] **nicken**: den Kopf hoch- und runterbewegen; hier: „Ja." oder „Es geht los."

[56] **außer Atem sein**: stark atmen müssen, um Luft zu bekommen, weil man z. B. gerannt ist

Du bist dran!

3

A Nurcan (N), Reza (R) oder Katharina (K)? Kreuze an.

	N	R	K
1. Wer freut sich am meisten über den Kaffee?	◯	◯	◯
2. Wer hat schon mal draußen geschlafen?	◯	◯	◯
3. Wer hat einen Sonnenbrand?	◯	◯	◯
4. Wer hat Höhenangst?	◯	◯	◯
5. Wer hat einen Hut dabei?	◯	◯	◯
6. Wer rettet Katharina vor der Polizei?	◯	◯	◯
7. Wer gibt das Zeichen für die Freunde, in die Grube zu rutschen?	◯	◯	◯

B Wie heißt das Verb? Ergänze das richtige Präfix.

1. Die Freunde wachen am Morgen _______.
2. Sie cremen sich mit Sonnencreme _______.
3. Sie machen bei der blauen Gruppe _______.
4. Dann geht es _______.
5. An den Straßenrändern stellen sich Polizisten _______.
6. Etwas später kommen sie an der Kohlegrube _______.
7. Nurcan nickt und sie laufen die Kante _______.

Lösungen: **A:** 1. N; 2. R; 3. K; 4. K; 5. R; 6. R; 7. N; **B:** 1. auf; 2. ein; 3. mit; 4. los; 5. auf; 6. an; 7. hinunter

Entdeckertour:

Woher kommt die Energie?

Kapitel 4

s Flughafenterminal

das Transparent
LOVE
PLANET

das Förderband

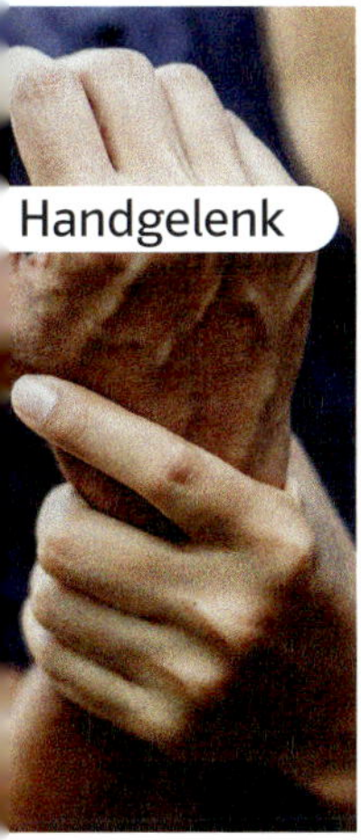
Handgelenk

die Kette

das Salz

mit den Schultern zucken

das Pferd

Die Kohlegrube ist blockiert!

Aus der Mitte der Kohlegrube ruft jemand durch ein Megafon: „Die Grube ist blockiert! Wir haben heute hier die Kohlegrube blockiert, weil wir Nein sagen zur Klimapolitik der Regierung! Wir wollen nicht bis 2038 warten, bis der Kohleabbau endlich verboten wird. Wir sagen: Stoppt die Kohle jetzt! Wir sehen hier alle, was der Kohleabbau mit der Natur macht. Hier lebt nichts mehr. Und wofür das alles? Für eine Energieform der Vergangenheit[57]! Darum sind wir heute aktiv. Wir stoppen diesen Wahnsinn[58] einfach selbst!"

Die Kohlegrube ist sehr groß. Überall flache Erde. Der Bagger sieht von unten aus wie ein Flughafenterminal. Etwas weiter weg steht ein zweiter Bagger. Förderbänder laufen über die Grube und enden im Nichts.
„Warum stehen die Förderbänder still? Wird hier am Wochenende gar nicht gearbeitet?"
Eine Aktivistin, die vor Katharina steht, dreht sich um. „Doch, die laufen Tag und Nacht, sieben Tage die Woche. Aber wenn wir hier unten sind, müssen sie die Maschinen stoppen. Wegen der Sicherheit[59]."
„Wie cool!" Nurcan ist begeistert[60]. „Dann ist die Blockade ja richtig effektiv!"

[57] **die Vergangenheit**: die Zeit, die schon vorbei ist
[58] **der Wahnsinn**: etwas Verrücktes
[59] **die Sicherheit**: die Tatsache, dass nichts Schlimmes passieren kann
[60] **begeistert sein**: etwas sehr gut finden

„Ja, genau. Wir blockieren wirklich die Arbeit hier. Oh, seht mal. Wir bilden eine Kette. Kommt."
Die Frau stellt sich zwischen Katharina und Nurcan und hält ihnen die Hände hin. Katharina hält Reza an der Hand und so bilden sie eine Menschenkette um den großen Bagger herum. Einige Aktivisten machen Fotos und Videos. Nach einer Weile löst sich die Kette wieder auf[61].

„Lasst uns zu den Förderbändern gehen!", ruft Nurcan.
Sie gehen los. Neben der Kohlegrube stehen Polizisten und Polizistinnen. Einige sitzen auf Pferden. Aber sie können nichts machen. Es sind einfach zu viele Menschen in der Kohlegrube. Sie können jetzt nur noch aufpassen, dass die Aktivisten nichts kaputt machen.
Auf den Förderbändern sitzen schon ziemlich viele Leute.

[61] **sich auflösen**: hier: auseinandergehen

Die drei Freunde müssen ein Stückchen weitergehen, bevor sie einen Platz bekommen. Sie klettern auf die Förderbänder. Von hier aus können sie sehr gut die verschiedenen Aktionen sehen: Ein paar Aktivisten sind auf den Bagger geklettert und lassen ein Transparent herunter. *Keinen Meter dem Klimakiller Kohle!* steht dort in großen, schwarzen Buchstaben. Von dem anderen Bagger hängt auch ein Transparent: *Alle zusammen gegen die Kohle!*
Der Junge, der neben Reza sitzt, hat rote Augen.
„Was ist mit dir los?", fragt Reza. „Hast du Pfefferspray abgekriegt[62]?"
„Ja, vorhin, als wir reingelaufen sind. Ich hatte einen kleinen Streit mit einem Polizisten." Er lacht, aber man sieht, dass ihm die Augen wehtun.
„Eigentlich habe ich alles rausgewaschen. Aber es ist so eklig[63]. Ich habe es in den Haaren und im Gesicht und es kommt immer wieder etwas in die Augen."
Der Junge reibt sich mit dem Handgelenk im Auge.
„Warte", sagt Reza. Er macht seinen Rucksack auf und gibt dem Jungen eine kleine Plastikflasche.
„Salzlösung[64]", sagt Reza.
Der Junge wäscht sich damit die Augen aus.
„Schon besser", sagt er.
„Reza, was hast du denn noch alles dabei? Hut, Campingkocher, Kaffee, Salzlösung … Wie viele von solchen

[62] **etwas abkriegen**: von etwas getroffen werden
[63] **eklig**: so, dass man etwas nicht mag und nicht möchte, dass es einen berührt
[64] **die Salzlösung**: Wasser mit Salz

Aktionen hast du eigentlich schon gemacht?" Nurcan ist beeindruckt[65]. Reza lacht und sagt nichts.

Sechs Stunden lang blockieren die Aktivisten und Aktivistinnen die Kohlegrube. Am Abend gibt es noch eine Rede. Dann ist die Blockade beendet. Die Aktivisten verlassen die Kohlegrube über die Straße und gehen in das nächste Dorf. Dort ist wieder ein Camp. Die drei Freunde haben einen Sonnenbrand, sind müde, hungrig und durstig. Aber sie sind alle drei sehr glücklich. Einige Bewohner des Dorfes versorgen die Aktivisten mit Essen. Von irgendwo kommt Musik. Es wird langsam dunkel.
Ein Mann setzt sich zu den drei Freunden ins Gras. „Wisst ihr, als ich jung war, mussten wir auch schon umziehen, weil man in meinem alten Dorf Kohle abbauen wollte. Damals haben wir alles verloren. Wir haben hier ganz neu angefangen. Und jetzt wollen sie noch mal, dass wir umziehen. Das ist zu viel. Besonders für meine Eltern. Sie sind schon sehr alt und wollen nicht noch einmal umziehen. Ich bin froh, dass wir mit unserem Kampf[66] hier nicht allein sind. Es ist gut zu wissen, dass ihr auch gegen die Kohle seid. Auch wenn ihr andere Gründe[67] habt als wir."
Sie unterhalten sich noch ein wenig mit dem Mann. Dann geht er nach Hause. Die drei Freunde holen ihre Isomatten und Schlafsäcke heraus.
„Machst du uns morgen wieder Kaffee, Reza?", fragt Nurcan. Aber Reza schläft schon.

[65] **beeindruckt sein**: Respekt vor etwas haben; erstaunt sein
[66] **der Kampf**: hier: der Protest
[67] **der Grund**: das, warum man etwas macht

Am nächsten Morgen ist Reza wieder zuerst wach und hat auch schon den Campingkocher aufgebaut.
„Wie kommen wir denn jetzt nach Hause?“, fragt Katharina.
Nurcan zuckt mit den Schultern. Sie hat schlecht geschlafen.
„Wir gehen einfach den Leuten hinterher wie gestern. Und dann steigen wir in den nächsten Zug. Ist doch total einfach.“
„Nurcan, wo ist denn deine gute Laune[68] von gestern hin? Hier, nimm deinen Kaffee, dann wirst du wieder ein Mensch.“
Nurcan nimmt Reza mit müdem Gesicht die Tasse ab. Sie trinkt etwas Kaffee und sieht dann fröhlicher aus: „War schon ziemlich gut gestern. Wisst ihr was? Ich bin direkt zwischen zwei Polizisten durchgebrochen. Die konnten gar nichts machen.“
Zufrieden denkt sie an gestern und trinkt weiter ihren Kaffee.

[68] **die Laune**: wie man sich in einem bestimmten Moment fühlt

Du bist dran!

A Richtig (R) oder falsch (F)? Kreuze an.

	R	F
1. Nurcan hält eine Rede mit dem Megafon.	○	○
2. In der Kohlegrube darf nicht gearbeitet werden, wenn die Aktivisten dort sind.	○	○
3. Die Freunde setzen sich auf ein Förderband.	○	○
4. Ein Polizist hat Pfefferspray ins Gesicht bekommen.	○	○
5. Reza hat eine Salzlösung für die Augen dabei.	○	○
6. Am Abend erzählt ein Mann, dass er und seine Familie vielleicht zum zweiten Mal umziehen müssen.	○	○
7. Als Nurcan am nächsten Tag aufwacht, freut sie sich über das gute Wetter.	○	○

B Wie ist das genau? Schreibe die Antwort.

1. Wann will die Regierung den Kohleabbau verbieten? ______________________
2. Was hängen die Aktivisten von den Baggern herunter? ______________________
3. Wo verbringen die Freunde den Abend? ______________________
4. Wie wollen sie am nächsten Morgen nach Hause fahren? ______________________

Lösungen: **A:** 1. F; 2. R; 3. R; 4. F; 5. R; 6. R; 7. F; **B:** 1. 2038; 2. ein Transparent; 3. in einem Camp im nächsten Dorf; 4. mit dem Zug

Entdeckertour:

Die Stadt und ihre Geschichte

Kapitel 5

die Drohne

die Kamera

e Zeitung

e Grenze

erschrocken sein

lächeln

den Arm um jemanden legen

anklicken

Eine Überraschung[69]

Es ist Montag. Die drei Freunde treffen sich wieder hinter der alten Fabrik.

„Na, alles gut bei euch?", fragt Nurcan.

Sie versucht, ruhig zu sein, aber die anderen beiden sehen sofort, wie aufgeregt[70] sie ist. Ihre Stimme ist ganz hoch. Es gibt etwas, was sie unbedingt erzählen will.

„Ja, alles normal", antwortet Reza.

Reza und Katharina sehen sich kurz an. Sie werden sie ein bisschen warten lassen[71] und erst mal über etwas Langweiliges reden.

[69] **die Überraschung**: etwas, wovon man nicht dachte, dass es passiert

[70] **aufgeregt sein**: unruhig sein, weil man starke Gefühle hat

[71] **jdn. warten lassen**: etwas langsam machen, sodass eine andere Person warten muss

„Wie war die Schule?", fragt Katharina.

Reza sieht in die andere Richtung, damit Nurcan nicht sieht, dass er lachen muss. Nurcan wird noch aufgeregter, aber sie versucht, ganz normal zu tun.

„Montag eben. Nichts Besonderes. Und selbst?"

„Ja, auch. Wir hatten Mathe. Und dann Sport."

Eine kleine Pause entsteht. Da platzt es endlich aus Nurcan heraus[72]: „Leute, habt ihr heute schon die Zeitung gelesen?"

„Ich habe heute früh im Internet ein paar Nachrichten gelesen, aber die Lokalzeitung nicht. Die ist doch total …"

Katharina kann den Satz nicht mehr zu Ende bringen. Entsetzt starrt[73] sie auf die Zeitung, die Nurcan aus ihrem Rucksack geholt hat, und schlägt die Hand vor den Mund.

„Mist", flüstert[74] Katharina. „Wie ist das denn passiert?"

Reza lacht laut und ruft: „Wie das passiert ist? Katha, du guckst direkt in die Kamera! Du musst den Fotografen doch gesehen haben! Und du lächelst auch noch!"

Reza und Nurcan lachen.

„Leute, das ist nicht witzig[75]!", versucht Katharina zu erklären. „Was werden meine Eltern sagen? Und wenn es die Lehrer sehen? Und wenn vielleicht die Polizei …"

Dann muss sie doch ein bisschen mitlachen. Und ein bisschen stolz[76] ist sie auch.

„Immerhin auf der Titelseite[77]."

[72] **herausplatzen**: etwas plötzlich sagen
[73] **starren**: direkt auf etwas sehen
[74] **flüstern**: sehr leise sprechen
[75] **nicht witzig sein**: nicht so sein, dass man darüber lachen kann
[76] **stolz sein**: das Gefühl haben, dass man etwas Gutes gemacht hat
[77] **die Titelseite**: die erste Seite einer Zeitung

LEIPZIGER ALLGEMEINE ZEITUNG

TAGESZEITUNG FÜR LEIPZIG UND SACHSEN

THEMEN DES TAGES

LEIPZIG
Tarifverhandlungen im Öffentlichen Dienst

SACHSEN
Lebensmittelpreise steigen weiter

SACHSEN
Urlaubsgeld wird erhöht

Kohlegrube blockiert

Pödelwitz – In einer gefährlichen Massenaktion haben am Samstag Aktivistinnen und Aktivisten verschiedener Umweltgruppen eine Kohlegrube in der Region blockiert. Etwa sechs Stunden standen die Maschinen in den Gruben still.

Als sie sich wieder beruhigt haben, holt Nurcan ihr Smartphone heraus. „Ich habe noch mehr gefunden. Aber ohne Katha oder jemanden von uns. Seht mal, hier."

Sie dreht ihr Handy so, dass Reza und Katharina das Video sehen. Es ist mit einer Drohne gefilmt, die hoch über den Baggern fliegt. Unten in der Kohlegrube sind die Aktivisten. Ein riesiges Transparent liegt auf dem Boden: *Stoppt Kohle jetzt!*

„Da waren wir! Mann, sind wir viele gewesen! Da, das Transparent habe ich gesehen!"

„Ja, hier ist das Förderband! Da haben wir gesessen!"

„Cool, oder? Hier ist noch eins."

Nurcan klickt das nächste Video an. Es ist vom Boden aus aufgenommen: Menschenketten, Aktivisten, die auf

Förderbändern sitzen, Transparente. Lieder werden gesungen: „Bagger ciao, Bagger ciao, Bagger ciao, ciao, ciao“.

„Wer hat die denn so schnell hochgeladen[78]?“, fragt Katharina.

„Das waren welche von uns. Hast du nicht gesehen, dass da Leute Videos gemacht haben?“

„Doch schon, aber eine Drohne habe ich nicht gesehen.“

Nurcan steckt ihr Handy wieder ein. „In den nächsten Tagen kommen bestimmt noch viel mehr Videos und Berichte[79]. Ich glaube, wir haben echt Aufmerksamkeit[80] auf die Kohlegrube gezogen. Sehr gut!“

Sie sieht stolz und zufrieden aus.

„Und was machen wir als Nächstes?“, fragt Reza.

Katharina guckt ein bisschen erschrocken, aber sie sagt nichts. Sie muss ihren Eltern erst mal die Sache mit der Titelseite erklären …

„Also, im August ist noch mal was. Ein bisschen weiter weg, fast an der polnischen Grenze. Ich weiß nicht, ob es so groß wird“, antwortet Nurcan. „Aber dabei sein können wir schon, oder?“, fragt sie dann.

Reza ist sofort begeistert. Katharina ist auch dabei. Bis August ist noch ein wenig Zeit.

„Dann nehmen wir auch eine Kamera mit und machen Videos“, ruft Reza.

„Und wir malen vorher ein eigenes Transparent“, sagt Katharina. Dann muss sie wieder daran denken, wie alles

[78] **etwas hochladen**: etwas ins Internet stellen

[79] **der Bericht**: ein Artikel, in dem erzählt wird, was passiert ist

[80] **die Aufmerksamkeit**: die Konzentration der Gedanken auf etwas

angefangen hat. „Aber meine Eltern werden mir nie wieder glauben, dass ich auf ein Festival fahre“, sagt sie.
Nurcan sieht sie an: „Warst du nicht die, die ihren Eltern letzte Woche noch alles erzählen wollte? Dann musst du ihnen eben eine bessere Geschichte erzählen.“ Dann legt sie den Arm um Katharina. „Ich ärgere dich doch nur. Deine Eltern sind doch total nett. Die werden schon Ja sagen. Das Zeitungsfoto ist übrigens total schön.“
„Ja, das finde ich auch“, meint Reza.

Du bist dran!

Ergänze die Seite aus Katharinas Tagebuch.

begeistert • langweilig • entsetzt • stolz • gefährlich • nett • erschrocken • aufgeregt

Liebes Tagebuch,

von der Aktion am Wochenende habe ich dir schon erzählt. Heute hat Nurcan einen Zeitungsartikel darüber mitgebracht – mit mir auf der Titelseite! Zuerst war ich total ______ (1)! Was für ein Horror! Was sagen Mama und Papa? Aber dann war es gar nicht so schlimm. Mama und Papa waren ganz ______ (2) zu mir und ich glaube, sie waren auch ein bisschen ______ (3) auf mich. Nur als sie das Video von der Abbruchkante gesehen haben, waren sie etwas ______ (4). Papa meinte, dass das schon ziemlich ______ (5) aussieht. Sophie fand es toll. Sie war total ______ (6) und will nächstes Mal mitkommen. Aber das darf sie bestimmt nicht.

Morgen ist wieder Schule. Was die anderen wohl sagen werden? Und die Lehrerinnen und Lehrer? Ich bin schon ein bisschen ______ (7). Aber vielleicht sagt auch niemand was und es wird genauso ______ (8) wie immer.

Deine Katha

Lösungen: 1. erschrocken / entsetzt; 2. nett; 3. stolz; 4. erschrocken / entsetzt; 5. gefährlich; 6. begeistert; 7. aufgeregt; 8. langweilig

Entdeckertour:

Graffiti-Stadt Leipzig

Notizen

Bildnachweis

Cover Getty Images (FotografieLink), München; **Cover, Inhalt** Shutterstock (WinWin artlab), New York; **4** Shutterstock (DashaKos), New York; **5.1, 54.3** Arwen Schnack; **5.2, 20.1** Getty Images (Anastasiya_Kolyaskina), München; **5.3, 29.2** Getty Images (Mlenny), München; **5.4, 38.1** Getty Images (Schroptschop), München; **7** Getty Images (TommL), München; **11.1** Getty Images (herreid), München; **11.2** Getty Images (Darren Robb), München; **11.3** Getty Images (wakila), München; **11.4** Getty Images (SensorSpot), München; **11.5** Getty Images (kickstand), München; **11.6** Getty Images (Tim Wright), München; **11.7** Getty Images (Supersmario), München; **11.8** Getty Images (Antagain), München; **12.1, 12.2, 13.2** Getty Images (bortonia), München; **13.1** Getty Images (Teka77), München; **13.3, 13.4, 14.1, 14.2, 14.3, 14.4** Getty Images (Artis777), München; **20.2** Getty Images (AlizadaStudios), München; **20.3** Getty Images (Natalia Kolomytseva), München; **21.1** Getty Images (Mantonature), München; **21.2** Getty Images (Alex Eggermont), München; **21.3** Getty Images (fotografixx), München; **21.4** Getty Images (Paul Burns), München; **21.5** Getty Images (andydidyk), München; **21.6** Getty Images (DA69), München; **21.7** Getty Images (mduraj), München; **21.8** Getty Images (LoveTheWind), München; **29.1** Getty Images (kamisoka), München; **29.3** Getty Images (robertkuehne), München; **30.1** Getty Images (Max Dannenbaum), München; **30.2** Getty Images (Sinenkiy), München; **30.3** Getty Images (hadkhanong_Thailand), München; **30.4** Getty Images (Pierre Joubert), München; **30.5** Getty Images (Mindful Media), München; **30.6** Getty Images (Image Source), München; **30.7** Getty Images (Eugenio Marongiu), München; **30.8** Getty Images (kazuma seki), München; **38.2** 123RF.com (ovydyborets), Nidderau; **38.3** Getty Images (Schroptschop), München; **39.1** Getty Images (Chalabala), München; **39.2** Getty Images (graffoto8), München; **39.3** Getty Images (Motortion), München; **39.4** Getty Images (Anut21ng), München; **39.5** Getty Images (Stefano_Carnevali), München; **39.6** Getty Images (Peter Dazeley), München; **39.7** Getty Images (Jose Luis Pelaez Inc), München; **39.8** Getty Images (Wildroze), München; **46.1** 123RF.com (pureshot), Nidderau; **46.2** 123RF.com (claudiodivizia), Nidderau; **46.3** Getty Images (pixelprof), München; **47.1** Getty Images (Mark Newman), München; **47.2** Getty Images (hobo_018), München; **47.3** Getty Images (LUVLIMAGE), München; **47.4** Getty Images (AndreyKrav), München; **47.5** Getty Images (Image Source), München; **47.6** Getty Images (Hinterhaus Productions), München; **47.7** Getty Images (Hinterhaus Productions), München; **47.8** Getty Images (JuSun), München; **54.1** Getty Images (picturedesigner), München; **54.2** Klett-Archiv (Arwen Schnack), Stuttgart